Für

Von

Erste Schritte

Wage den ersten Schritt,
und ein Weg
wird sich auftun.

ZEN-WEISHEIT

Jeder *Wunsch*, gedacht oder geäußert, bringt das Gewünschte näher, und zwar im Verhältnis zur Intensität des Wunsches.

PRENTICE MULFORD

Nutze die Talente, die du hast. Die Wälder wären sehr still, wenn nur die begabtesten Vögel sängen.

Henry van Dyke

Wer sich abhetzt, wird nie
Vollkommenheit erlangen.
Dazu gehören Ruhe
und Stille.

AUS ÄGYPTEN

Einfaches Glück

Die einfachsten Dinge sind
die außergewöhnlichsten,
und nur den Weisen
gelingt es, sie zu erkennen.

PAULO COELHO

Ich habe heute ein paar Blumen für dich nicht gepflückt, um dir ihr Leben mitzubringen.

CHRISTIAN MORGENSTERN

Der Mensch muss lernen, den Lichtstrahl aufzufangen und zu verfolgen, der in seinem Inneren aufblitzt.

Ralph Waldo Emerson

Wer einen Unterschied zwischen Leib und Seele macht, besitzt keins von beiden.

OSCAR WILDE

Wünsche nicht,
etwas anderes zu sein,
als du bist, aber dies
so gut wie möglich.

Franz von Sales

Nimm jede Stunde des Glücks,
die dir geschenkt wird, dankbar an und schieb
den süßen Genuss nicht auf nächstes Jahr.

HORAZ

Ein jeder Augenblick gleicht einem Engel, der einem anderen die Fackel reicht.

PAUL EBERHARDT

Lebe heute, vergiss die Sorgen der Vergangenheit!

Epikur

Was dich am meisten zur Höhe trägt, ist die Geduld mit dir selbst.

Franz von Sales

Wo es *Liebe* regnet, wünscht sich keiner einen Schirm.

AUS DEUTSCHLAND

Das Schönste im Leben ist der Wunsch,
das Nächstschönste die Erfüllung.

MARGARET MITCHELL

Alles, was die Seele durcheinanderrüttelt, ist Glück.

ARTHUR SCHNITZLER

Gibt es schließlich eine bessere *Form*, mit dem Leben fertig zu werden, als mit Liebe und Humor?

CHARLES DICKENS

Das Wunderbarste an Wundern ist, dass sie manchmal wirklich geschehen.

GILBERT KEITH CHESTERTON

Sorglose Freude

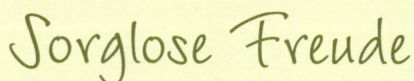

Wende dich ab von
den Sorgen, überlass alle Dinge
dem Schicksal; freu dich
des Guten, das heute dir lacht,
und vergiss darüber
alles Vergangene.

<small>Aus Tausendundeiner Nacht</small>

Es gibt kein festeres Band der *Freundschaft* als gemeinsame Pläne und gleiche Wünsche.

Marcus Tullius Cicero

Liebevolle Kraft

Das Wesen
der Menschlichkeit entfaltet
sich nur in der Ruhe.
Ohne sie verliert die Liebe
alle Kraft ihrer Wahrheit
und ihres Segens.

Johann Heinrich Pestalozzi

Arbeit, die wir lieben, ist das Einzige, was uns mit dem Leben versöhnen kann.

Charles Baudelaire

Das wahre und sichtbare Glück des Lebens
liegt nicht außer uns, sondern in uns.

Johann P. Hebel

Möget ihr in euren Herzen dankbar bewahren die kostbaren Erinnerungen der guten Dinge in eurem Leben.

IRISCHER SEGENSWUNSCH

Je weniger Dinge man auf Erden wichtig nimmt,
desto näher kommt man den wirklich wichtigen Dingen.

Federico García Lorca

Die beste *Freude* ist wohnen in sich selbst.

Johann Wolfgang von Goethe

Es ist immer leichter,
unterwegs zu sein.
Halt machen heißt,
der Wirklichkeit
ins Auge zu sehen.

Louis L'Amour

Der Kern der Freude liegt im Handeln.

Carl Hilty

Der Optimist hat nicht weniger oft unrecht als der Pessimist, aber er lebt froher.

CHARLIE RIVEL

Viele Probleme erledigen sich von selbst, wenn man ihnen Zeit dazu lässt.

KRISHNA MENON

Es ist keine Kunst, die Welt zu erobern.
Wenn du kannst, erobere ein Herz.

SAADI VON SCHIRAZ

Gesunde Wärme

Ohne Begeisterung, welche die Seele mit einer gesunden Wärme erfüllt, wird nie etwas Großes zustande gebracht.

Adolph Freiherr von Knigge

Stille ist ein *Schweigen*, das den Menschen
Augen und Ohren öffnet für eine andere Welt.

Serge Poliakoff

Katzen erreichen mühelos, was uns Menschen versagt bleibt: durchs Leben zu gehen, ohne Lärm zu machen.

ERNEST HEMINGWAY

Weder vom Körper noch vom Geld hängt es ab, ob der Mensch glücklich ist, sondern ob er mit sich zurechtkommt oder immer etwas anderes will.

Demokrit

Der ideale Tag
wird nie kommen.
Der ideale Tag
ist heute, wenn wir
ihn dazu machen.

Horatio W. Dresser

Das Leben mit seinen verschiedenen Epochen ist eine Schatzkammer. Wir werden reich in jedem Gewölbe beschenkt; wie reich, das erkennen wir erst bei dem Eintritt in das nächste Gewölbe.

Friedrich Hebbel

Man kann einen seligen, seligsten *Tag* haben, ohne etwas anderes dazu zu brauchen als blauen Himmel und grüne Erde.

Jean Paul

Schönheit

Die Schönheit der Dinge
lebt in der Seele dessen,
der sie betrachtet.

DAVID HUME

Die Natur muss gefühlt werden.

Alexander von Humboldt

Die Perle kann ohne Reibung nicht zum *Glänzen* gebracht,
der Mensch ohne Anstrengung nicht vervollkommnet werden.

KONFUZIUS

Maßvoll

Ohne Vernunft leben
und nur vernünftig leben:
Beides ist übertrieben.

BLAISE PASCAL

Das ganze Leben ist
ein einziges Wiederanfangen.

Hugo von Hofmannsthal

Die Freude finden wir nicht
in den Dingen, sondern
in der Tiefe unserer Seele.

Thérèse von Lisieux

Kostbare Stunde

Die Zeit ist zu kostbar,
um sie mit falschen Dingen
zu verschwenden.

HEINZ RÜHMANN

Keiner kann einen Körper frisch und schön erhalten,
wenn er sich von ausgelaugten Gedanken nährt.

PRENTICE MULFORD

Wo ein Begeisterter steht,
ist der Gipfel der Welt.

Joseph von Eichendorff

Wer sich selbst besiegt, ist stark. Wer zufrieden ist, ist reich. Wer seine Mitte nicht verliert, der dauert.

Laotse

Günstige Fügung

Glück ist der Stuhl,
der plötzlich dasteht,
wenn man sich
zwischen zwei andere
setzen wollte.

GEORGE BERNARD SHAW

Das *Glück* gelingt nur denen, die es nicht festhalten.

ADALBERT BALLING

Vögel im Käfig
sprechen vom Fliegen.
Freie Vögel fliegen.

Aus China

Die Schönheit
wie auch das Glück
kommen häufig vor.
Es vergeht kaum ein Tag,
an dem wir nicht
für einen Augenblick
im Paradies leben.

JORGE LUIS BORGES

Wer den Erfolg gut behandelt,
dem läuft er nach wie ein Hund.

Mark Twain

Geduld zu bewahren, selbst wenn das unmöglich erscheint, das ist wahre Geduld.

Gichin Funakoshi

Ich fühle,
dass Kleinigkeiten
die Summe des
Lebens ausmachen.
Charles Dickens

Sich beeilen nützt nichts. Zur rechten *Zeit* aufbrechen ist die Hauptsache.

Jean de La Fontaine

Glück ist meistens
ganz gewöhnliches
Leitungswasser, das nach
Champagner schmeckt.

Aus Frankreich

Nicht da ist man daheim, wo man seinen Wohnsitz hat, sondern wo man verstanden wird.

CHRISTIAN MORGENSTERN

Jeder angenehme
Augenblick
hat Wert für mich.
Glückseligkeit besteht
nur in Augenblicken.
Ich wurde glücklich,
da ich das lernte.

Caroline von Schelling

Heilende Kraft

Das Glück bringt
so einige Fehler in Ordnung,
die selbst der Verstand
nicht zu korrigieren wüsste.

FRANÇOIS DE LA ROCHEFOUCAULD

Das Träumen ist der Sonntag des Denkens.

HENRI FRÉDÉRIC AMIEL

Der größte Erfolg, den ein Mensch je erreichen kann, besteht darin, nach seinen eigenen Vorstellungen leben zu können.

Christopher Morley

Durch Ruhe
und Geradheit geht
doch alles durch.

JOHANN WOLFGANG VON GOETHE

Alles, was an Großem in der Welt geschah, vollzog sich zuerst in der Phantasie eines Menschen.

Astrid Lindgren

Wenn Menschen der richtigen Beschäftigung nachgehen, erwächst ihnen so viel Freude daraus, wie bunte Blumen aus einem fruchtbaren Boden sprießen.

JOHN RUSKIN

Zuversicht

Man darf das Schiff nicht an einen einzigen Anker und das Leben nicht an eine einzige Hoffnung binden.

EPIKTET

Gib dich der Mühe
der Stille hin und du
wirst etwas finden,
was du von niemandem
sonst hören kannst.

Isaak von Ninive

Reiche Herzen erleben viel in kurzer Zeit.

FRIEDRICH SPIELHAGEN

Wenn sich ein Tor
des Glückes schließt,
öffnet sich ein anderes.

Rabindranath Tagore

Wer an das Gute im Menschen glaubt,
bewirkt das Gute im Menschen.

Jean Paul

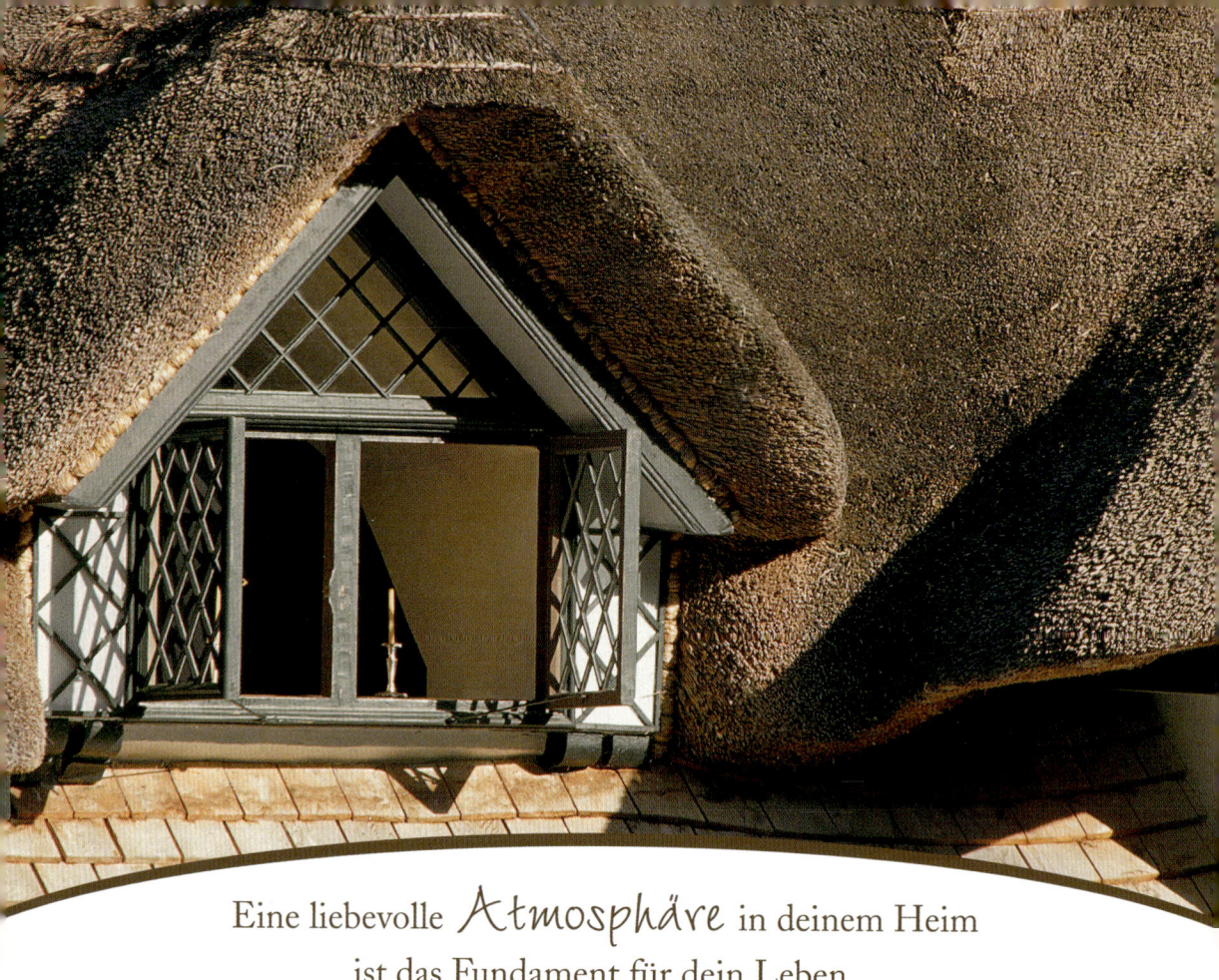

Eine liebevolle *Atmosphäre* in deinem Heim
ist das Fundament für dein Leben.

Dalai Lama

Wunderbares

Die Blume lebt und liebt
und redet eine
wunderbare Sprache.

Peter Rosegger

Nur der Wechsel
ist wohltätig.
Unaufhörliches
Tageslicht ermüdet.

Wilhelm von Humboldt

Wie wenig irdischen Besitz man auch hat, der *Mensch* soll doch nicht mit seinem Herzen an ihm hängen.

MECHTHILD VON MAGDEBURG

Café

Lasst uns das Leben genießen, solange wir es nicht begreifen.

Kurt Tucholsky

Für den Optimisten ist das Leben kein Problem, sondern bereits die Lösung.

MARCEL PAGNOL

Man braucht nur
ein wenig Phantasie
und alle Schlösser
öffnen sich.

FREIHERR VON MÜNCHHAUSEN

Wertvolle Zeit

Das Wertvollste
im Leben ist die Zeit.
Leben heißt, mit der Zeit
richtig umzugehen.

Bruce Lee

Entspanne dich. Lass das Steuer los.
Trudle durch die Welt. Sie ist so schön.

Kurt Tucholsky

Wer von seinem Tag
nicht zwei Drittel für sich
selbst hat, ist ein Sklave.

FRIEDRICH NIETZSCHE

> Glück bedeutet Gelassenheit. Wer glücklich sein will, muss Zeit für die Ewigkeit haben.
>
> TRUMAN CAPOTE

Ist schon das Wasser klar, solange es ruhig, um wie viel klarer dann der Geist! So ruhig ist des Weisen Herz, dass es dem Himmel und der Erde zum Spiegel wird – zum Spiegel aller Dinge.

Dschuang Dsi

Hoffnung ist Kraft. Es ist so viel Energie in der Welt, als Hoffnung drin ist.

Albert Schweitzer

Freier Schritt

Leute mit leichtem Gepäck kommen am besten durchs Leben.

Jakob Bosshart

Glaube an dein *Glück*, so wirst du es erlangen.

Ali Ibn Abi Talib

Es gibt Augenblicke,
in denen man nicht
nur sehen, sondern ein
Auge zudrücken muss.

Benjamin Franklin

Froher Sinn

Genieß die Gegenwart mit frohem Sinn, sorglos, was dir die Zukunft bringen werde.

HORAZ

Muße ist der schönste Besitz von allen.

SOKRATES

Wahre Fülle

Reich ist man nicht
durch das, was man besitzt,
sondern mehr noch
durch das, was man mit Würde
zu entbehren weiß.

Epikur

Die Welt gehört denen, die zu ihrer Eroberung ausziehen, bewaffnet mit Sicherheit und guter Laune.

CHARLES DICKENS

Wunschlosigkeit führt
zu innerer Ruhe.

Laotse

Betrachtet

das Erwachen des
Frühlings
und das Erscheinen der
Morgenröte! Die Schönhcit
offenbart sich denjenigen,
die betrachten.

KHALIL GIBRAN

Gute Gedanken sind *Engel*, die man aussendet,
um das Erwünschte herbeizuführen.

ZENTA MAURINA

Glücklich ist derjenige, dessen Gedanken, Worte und Taten sich in Übereinstimmung befinden.

Mahatma Gandhi

Gute Freunde

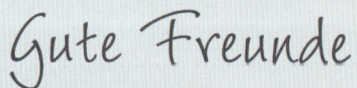

Die Schmuckstücke
eines Hauses
sind die Freunde, die
darin verkehren.

RALPH WALDO EMERSON

Die *Natur* ist das einzige Buch, das auf
allen Blättern großen Gehalt bietet.

Johann Wolfgang von Goethe

Hohe Ziele

Die Welt gehört dem,
der in ihr mit Heiterkeit
nach hohen Zielen
wandert.

Ralph Waldo Emerson

Es ist eine Verwandtschaft
zwischen den glücklichen
Gedanken und den Gaben
des Augenblicks: Beide
fallen vom Himmel.

Friedrich Schiller

Wer in Gefahr ist, Pessimist zu werden,
soll eine Rose betrachten.

JEAN ROSTAND

Je mehr man sein Herz öffnet, umso mehr Dank strömt einem entgegen, wodurch wiederum größerer Erfolg entsteht. Und je mehr man diesen Erfolg weitergibt, umso mehr Herzen öffnet man.

KARNEADES

Für den, der glaubt,
fangen alle Dinge an zu leuchten.

PIERRE TEILHARD DE CHARDIN

Kleine Schritte

Kleine Taten,
die man ausführt,
sind besser als große,
die man plant.

George Sand

Wer dem großen Glück nachläuft, entläuft der Ruhe.

JÜDISCHES SPRICHWORT

Man kann sich wohl in einer *Idee* irren, man kann sich aber nicht mit dem Herzen irren.

Fjodor M. Dostojewski

Einfachheit

Denke nicht so oft an das,
was dir fehlt, sondern an das,
was du hast.

Marc Aurel

Schlaf ist für den Menschen,
was das Aufziehen für die Uhr.

ARTHUR SCHOPENHAUER

Humor ist das Öl in
unserer Lebenslampe.

Aus Holland

Der Friede geht von dem aus, der *Liebe* sät,
indem er sie zu Taten werden lässt.

MUTTER TERESA

Wenn ich einen Satz auswählen sollte, um meine ganze Lehre zusammenzufassen, würde ich sagen: Lass nichts Böses in deinen Gedanken sein.

KONFUZIUS

Das Glück deines Lebens hängt von der Beschaffenheit deiner Gedanken ab.

Marc Aurel

Man verliert
die meiste Zeit damit,
dass man Zeit
gewinnen will.

JOHN STEINBECK

Wenn es dir gelingt, die innere Ruhe zu erobern, so hast du mehr getan als derjenige, der Städte und ganze Reiche erobert hat.

Michel de Montaigne

Gib das Beste – und mach das Leben zum Feste.

JOHANN WOLFGANG VON GOETHE

Wege, die in die Zukunft führen, liegen nie als *Wege* vor uns.
Sie werden zu Wegen erst dadurch, dass man sie geht.

FRANZ KAFKA

Tue das, von dem du weißt, dass es richtig ist.

INDIANISCHE WEISHEIT

Die Weite der Ansichten kommt aus dem Herzen.

Jakob Bosshart

BelDeko
die Galerie der guten Wünsche

Weitere Titel in dieser Reihe:

Alles Liebe zum Geburtstag
ISBN 978-3-629-10649-0

Ein herzliches Dankeschön
ISBN 978-3-629-10650-6

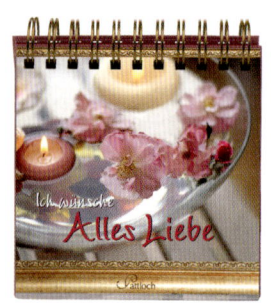

Ich wünsche alles Liebe
ISBN 978-3-629-10651-3

Unternimm nie etwas, wozu
du nicht das Herz hast,
dir den Segen des Himmels
zu erbitten.

Georg Christoph Lichtenberg

Innere Harmonie

Der Edle
strebt nach Harmonie, nicht
nach Gleichheit.

KONFUZIUS

Schenke dir selbst jeden Tag die schönsten *Momente* und bade Körper, Seele und Geist in innerer Harmonie.

Sarah Bernhardt

Nicht über den Augenblick soll man hinausdenken; aber in jedem einzelnen Moment soll man die Kraft zusammennehmen.

BETTINA VON ARNIM

Es gibt erfülltes Leben,
trotz vieler
unerfüllter Wünsche.

Dietrich Bonhoeffer

Etwas Gescheiteres kann einer doch nicht treiben in dieser schönen Welt, als zu spielen.

HENRIK IBSEN

Freudentaumel

Das Gefühl der Freude
entsteht aus einer
plötzlichen Bejahung
des Lebens.

Carl Ludwig Schleich

Folge deinem Herzen – solange du lebst.

Птаххотеп

Vergissmeinnicht

Sterne sind
die Vergissmeinnicht
der Engel.

HENRY WADSWORTH LONGFELLOW

Tue nichts, was dir
nicht entspricht zu tun;
wünsche nichts,
was dir nicht entspricht
zu wünschen.

M‍ong D‍si

Der Kluge nimmt das Gebot der *Stunde* wahr;
sind neue Freuden reif, so pflückt er sie.

EURIPIDES

Gott sei mit dir
und segne dich.
Mögest du immer
Rückenwind haben.
Möge dir die Sonne
warm ins Gesicht scheinen
und Regen sanft
auf deine Felder fallen.

IRISCHER SEGENSWUNSCH

Kein Mensch ist 100 Tage glücklich, keine Blume ist 100 Tage rot.

Aus China

Diese Zeit ist –
wie alle Zeiten – sehr gut,
vorausgesetzt, wir wissen
etwas damit anzufangen.

RALPH WALDO EMERSON

> Betrachte den Augenblick,
> als müsse der Tag mit ihm
> sterben; und den Morgen,
> als wenn alle Dinge mit
> ihm zum Leben erwachten.
>
> ANDRÉ GIDE

Nimm dir Zeit; ein Acker, der ausruhen konnte, liefert eine prächtige Ernte.

OVID

Frohes Lächeln

Die Freude
und das Lächeln
sind der Sommer
des Lebens.

Jean Paul

Ein *Sonnenstrahl* reicht hin, um viel Dunkel zu erhellen.

FRANZ VON ASSISI

Wechsle deine Vergnügungen,
aber nie deine Freunde.

VOLTAIRE

Wir schaffen uns
die Atmosphäre, in der
wir leben; denn welcher Art
unsere Gedanken sind,
die wir ausschicken,
derart sind die, welche
zu uns zurückkommen.

FRIEDRICH CLEMENS GERKE

Wenn der Winter naht –

kann dann der Frühling fern sein?

Percy Bysshe Shelley

Gute Wünsche

Ich wünsche dir
die Fröhlichkeit eines Vogels
im Ebereschenbaum
am Morgen,
die Lebensfreude eines Fohlens
auf der Koppel am Mittag,
die Gelassenheit eines Schafes
auf der Weide am Abend.

IRISCHER SEGENSWUNSCH

Wir sehnen uns nicht nach bestimmten Plätzen zurück, sondern nach den Gefühlen, die sie in uns auslösen.

Sigmund Graff

Von Zeit zu Zeit muss
man einmal sündigen,
sonst verliert man den
Spaß an der Tugend.

ILONA BODDEN

In tausend *Blumen* steht die Liebesschrift geprägt,
wie ist die Erde schön, wenn sie den Himmel trägt.

Friedrich Rückert

Ausspannen

Ruhe, Stille, Sofa
und eine Tasse Tee
geht über alles.

THEODOR FONTANE

Möge nach jedem Gewitter
ein Regenbogen über deinem Haus stehen.

Aus Irland

Die Kraft

der Gedanken ist unsichtbar wie der Same, aus dem ein riesiger Baum erwächst; sie ist aber der Ursprung für die sichtbaren Veränderungen im Leben des Menschen.

Leo N. Tolstoi

Auf den Gipfeln wohnt
der größte Optimismus:
Der Glaube an sich selber.

Paul Richard Luck

Zufluchtsort

Ich weiß
überall in der Lebenswüste
eine schöne Oase
zu entdecken.

HEINRICH HEINE

Man sollte Anteil nehmen an der *Freude*, der Schönheit, der Farbigkeit des Lebens.

OSCAR WILDE

Lachen und Lächeln sind Tor und Pforte,
durch die viel Gutes in den Menschen hineinhuschen kann.

CHRISTIAN MORGENSTERN

Pflege gute Gedanken und sie werden reifen zu guten Werken.

Aus Asien

Sorglos und heiter gestimmt zu sein,
ist eine der besten Regeln für ein langes Leben.

Francis Bacon

Freude öffnet das Herz.

Franz von Sales

Der Verstand kann uns sagen, was wir unterlassen sollen.
Aber das Herz kann uns sagen, was wir tun müssen.

Joseph Joubert

Voller Hoffnung

Sooft die Sonne aufersteht,
erneuert sich mein Hoffen,
und bleibet, bis sie untergeht,
wie eine Blume offen.

GOTTFRIED KELLER

Das *Leben* ist bezaubernd, man muss es
nur durch die richtige Brille sehen.

ALEXANDRE DUMAS

Leben soll man leben,
aber nicht die ganze Zeit
darüber diskutieren.

Isabelle Adjani

Es ist schön,
mit den kleinen Dingen
glücklich zu sein!

JEREMIAS GOTTHELF

Verständnis des Schönen und Begeisterung für das Schöne sind eins.

Marie von Ebner-Eschenbach

Grau, teurer Freund, ist alle Theorie und grün des Lebens goldner Baum.

JOHANN WOLFGANG VON GOETHE

Wir brauchen nicht so fortzuleben, wie wir gestern gelebt haben. Machen wir uns von dieser Anschauung los, und tausend Möglichkeiten laden uns zu neuem Leben ein.

CHRISTIAN MORGENSTERN

Die Dinge erfüllen sich,
an die man wirklich glaubt.
Der Glaube an etwas
macht es geschehen.

Frank Lloyd Wright

Man muss nur warten können,

das Glück kommt schon.

Paula Moderson-Becker

Vorfreude

Man muss immer etwas haben,
worauf man sich freut.

EDUARD MÖRIKE

Glück, das ist in beiden Händen Blumen halten.

AUS JAPAN

Träume nicht
 dein Leben, sondern
 lebe deinen Traum.

Aus Deutschland

Ich habe keine Wünsche als die, die ich wirklich mit schönem Wanderschritt mir entgegenkommen sehe.

Johann Wolfgang von Goethe

Wir sind in diese Welt gekommen, nicht nur, dass wir sie kennen, sondern dass wir sie bejahen.

Rabindranath Tagore

Dumme rennen, Kluge warten, *Weise* gehen in den Garten.

RABINDRANATH TAGORE

Wer Menschen gewinnen will, muss sein Herz zum Pfand einsetzen.

ADOLF KOLPING

Wenn du besonders ärgerlich und wütend bist,
erinnere dich, dass das menschliche Leben nur
einen Augenblick währt.

MARC AUREL

Wirkliche Freude
erwächst nicht aus Behagen
oder Reichtümern oder
dem Lob der Menschen,
sondern daraus, dass man
etwas Lohnendes tut.

WILLIAM GRENFELL

Auf dem schmalen Pfad nach innen kommt man eher zum Ziel als auf der breiten Straße nach außen.

Erich Limpach

Wenn du im Herzen Frieden hast,
wird dir die Hütte zum Palast.

AUS DEUTSCHLAND

Klare Sicht

Wenn du
helle Dinge denkst,
ziehst du helle Dinge
an dich heran.

PRENTICE MULFORD

Die Zeit für das Glück
ist heute, nicht morgen.

David Dunn

Mögen Bäche, Bäume und *wohlklingende Hügel* einen Chor
anstimmen und dir jeder sanfte Windhauch Glück zuwehen.

IRISCHER SEGENSWUNSCH

Finde dich,
sei dir selber treu,
lerne dich verstehen,
folge deiner Stimme,
nur so kannst du
das Höchste erreichen.

BETTINA VON ARNIM

Heiterkeit des Herzens schließt wie der Frühling die Blüten des Inneren auf.

JEAN PAUL

Herzenswärme

Der ist für gesund
zu schätzen, dem es
ums Herz wohl
und warm ist.

Christoph Lehmann

Erreiche den Gipfel
der Leere,
bewahre die Fülle
der Ruhe,
und alle Dinge
werden gedeihen.

Laotse

Das deutlichste
Anzeichen der Weisheit
ist eine immer
gleich bleibende Heiterkeit.

MICHEL DE MONTAIGNE

Geliebt zu werden macht uns stark. *Zu lieben* macht uns mutig.

Laotse

Schmerz und Freude liegen in einer Schale;
ihre Mischung ist des Menschen Los.

Johann Gottfried Seume

Durch Leichtfertigkeit
verliert man die Wurzeln,
durch Unruhe die Übersicht.

Laotse

Unentbehrlich

Mit den Menschen
ist es wie mit den Blumen:
Sie brauchen nicht nur Wasser,
sondern auch Sonne.

JULIUS LANGBEHN

Lebenskünstler nehmen von allem ein wenig, aber immer nur das Beste.

JACQUES CHARDONNE

Ruhe im Innern

Ruhe zieht das Leben an,
Unruhe verscheucht es.

GOTTFRIED KELLER

> Die Ferne, welche dem Auge die Gegenstände verkleinert, vergrößert sie dem Gedanken.
>
> ARTHUR SCHOPENHAUER

Gib deinem *Wunsche* Maß und Grenze,
und dir entgegen kommt das Ziel.

Theodor Fontane

Es ist gut, manchmal die Sorgen so zu behandeln, als ob sie nicht da wären; das einzige Mittel, ihnen ihre Wichtigkeit zu nehmen.

Rainer Maria Rilke

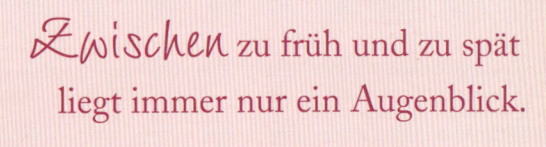

Zwischen zu früh und zu spät
liegt immer nur ein Augenblick.

Franz Werfel

Den Puls des
eigenen Herzens fühlen.
Ruhe im Innern,
Ruhe im Äußern.
Wieder Atem holen lernen,
das ist es.

CHRISTIAN MORGENSTERN

Süßer Genuss

Die Welt gehört dem,
der sie genießt.

Giacomo Leopardi

Der Mensch von heute hat nur ein einziges wirklich neues Laster erfunden: die Geschwindigkeit.

ALDOUS HUXLEY

Im Wachstum des Lebens hat jede Stufe ihre Vollendung: die Blüte sowohl als die Frucht.

Rabindranath Tagore

Entspannung

Alle Lebewesen außer
den Menschen wissen,
dass der Hauptzweck
des Lebens darin besteht,
es zu genießen.

SAMUEL BUTLER

Herzensfreude ist Leben für den Menschen.
Frohsinn verlängert ihm die Tage.

Jesus Sirach

Verloren sei uns der Tag, an dem nicht ein Mal getanzt wurde.

Friedrich Nietzsche

Tritt heraus in das *Licht* der Dinge. Lass die Natur deine Lehrerin sein.

WILLIAM WORDSWORTH

Warum können
Engel fliegen?
Weil sie sich
leicht nehmen.

GILBERT KEITH CHESTERTON

Innere Heimat

Man soll dort bleiben, wo man sich glucklich fühlt. Glück ist ein transportempfindliches Möbelstück.

WILLIAM SOMERSET MAUGHAM

Nur wer seine verbrauchten Schalen abwirft,
vorwärtsdrängend ins Neue, den fliegt
junges Leben an mit jungen Gedanken.

PRENTICE MULFORD

Lass dein Leben leichtfüßig auf den Rändern der *Zeit* tanzen
wie Tau auf der Spitze eines Blatts.

RABINDRANATH TAGORE

Ich wünsche dir
viele Freunde, die alle Zeit
dir gerne zu helfen bereit.
Und dann wünsche ich dir –
zu viel scheint es fast –,
dass du nie ihre Hilfe
nötig hast!

Albert Roderich

> Alles nimmt
> ein gutes Ende für den,
> der warten kann.
>
> Leo N. Tolstoi

Jedes Lachen vermehrt das Glück auf Erden.

Jonathan Swift

Seelenruhe

Wir müssen von Zeit
zu Zeit eine Rast einlegen
und warten,
bis unsere Seelen uns
wieder eingeholt haben.

INDIANISCHE WEISHEIT

Selig ist der Mensch, der mit sich selbst in Frieden lebt. Es gibt auf Erden kein größeres Glück.

MATTHIAS CLAUDIUS

Der Mensch bedarf,
um innerlich frei
zu werden, einer Dosis
Leichtsinnigkeit
und Übermut.

Jakob Bosshart

Das schönste Geschenk
an den Menschen
ist die Fähigkeit zur Freude.

Luc de Clapiers Vauvenargues

Der Veränderung die Tür verschließen, hieße das *Leben* selber aussperren.

WALT WHITMAN

> Du bist dort, wo
> deine Gedanken sind.
> Sieh zu, dass deine
> Gedanken da sind,
> wo du sein möchtest.
>
> Rabbi Nachman von Bratzlaw

Lachen ist Therapie, es lässt die Luft
aus allem Feierlichen und Pompösen.

PETER USTINOV

Jeder neue Tag
ist wie ein Bote Gottes,
den man gebührend
empfangen muss.

Aus Russland

»Es kommt immer ganz anders!« Das ist ein wahres Wort und im Grunde zugleich der beste Trost.

WILHELM RAABE

Ebbe folgt nicht auf Ebbe.
Dazwischen ist die Flut.

A̲u̲s̲ A̲l̲g̲e̲r̲i̲e̲n̲

Wer nicht neugierig ist, erfährt nichts.

Johann Wolfgang von Goethe

Übe dich in Langsamkeit.

NOVALIS

Gelassenheit

Das Rezept für Gelassenheit
ist einfach: Man darf
sich nicht über Dinge aufregen,
die nicht zu ändern sind.

HELEN VITA

Die wirksamste Medizin ist die natürliche Heilkraft, die im Innern eines jeden von uns liegt.

HIPPOKRATES

Die Seele hat die Farben
deiner Gedanken.

Marc Aurel

Wenn du Liebe hast,
spielt es keine Rolle,
ob du Kathedralen baust
oder in der Küche
Kartoffeln schälst.

Dante Alighieri

Der Augenblick ist kostbar
wie das Leben eines Menschen.

FRIEDRICH SCHILLER

Sich abfinden und aufs *Meer* schauen, das ist Glück.

GOTTFRIED BENN

> Begeisterung erhebt das Leben über das Alltägliche und verleiht ihm erst einen Sinn.
>
> Norman Vincent Peale

Glücksspeise

Freude ist eine gesunde Kost.

AUS CHINA

Wie viel Freuden werden zertreten,
weil die Menschen meist nur in die Höhe gucken
und, was zu ihren Füßen liegt, nicht achten.

CATHARINA ELISABETH GOETHE

Nur wer einig ist
mit der Welt, kann einig
sein mit sich selbst.

FRIEDRICH SCHLEGEL

Wende dein Gesicht der
Sonne zu und du lässt
die Schatten hinter dir.

Aus Afrika

Nichts ist, was dich bewegt, du selber bist das Rad,
das aus sich selbst läuft und keine Ruhe hat.

ANGELUS SILESIUS

Wahre Reife

Wer glaubt,
alle Früchte werden
mit den Erdbeeren reif,
versteht nichts
von den Trauben.

PARACELSUS

Ein *Licht*, das von innen her leuchtet, kann niemand auslöschen.

Aus Kuba

Was der Mensch Glück,
Wohlbehagen, Gewinn nennt –
alles, wonach er sich sehnt
und was er sich wünscht,
ist, Harmonie zu erlangen.
Sie erwächst aus der Stille.

Hazrat Inayat Kahn

Herzensschlüssel

In seinem Lachen liegt der Schlüssel, mit dem wir den ganzen Menschen entschlüsseln.

THOMAS CARLYLE

In jedem *Geschöpf* der Natur lebt das Wunderbare.

Aristoteles

Wenn der Tag
und die Nacht so sind, dass
du sie mit Freude begrüßt,
und das Leben dir duftet
wie Blumen und würzige
Kräuter – das ist
dein Erfolg.

Henry David Thoreau

Umschlagfoto: Corbis/ amanaimages/ SHIGEKI MATSUOKA; Goldrahmen: Shutterstock · Fotos: Corbis: S. 1 All Canada Photos/ Mi...
S. 3 Michelle Garrett/ S. 4 Loop Images/ Lee Pengelly/ S. 5 Jane Sweeney/ S. 6 Eastcott/ Momatiuk/ S. 7 Michael Boys/ S. 8 All Cana...
Source/ S. 10 Michelle Garrett/ S. 11 Verge/ Chris Arend/ S. 12 Robert Essel NYC/ S. 13 Photolibrary/ S. 14 Keren Su/ S. 15 Werner ...
S. 17 Michael Boys/ S. 18 Aflo Relax/ Takashi Komiyama/ S. 19 photocuisine/ Renaudin/ S. 20 Michael Boys/ S. 21 Peter Frank/ S. 22...
Mike Grandmaison/ S.25 Rosa & Rosa/ S.26 Michael Boys/ S.27 Grand Tour/ Luca da Ros/ S.28 Beateworks/ Pieter Estersohn/ S. 29 ...
Cahill/ S. 31 Sygma/ Nathalie Darbellay/ S. 32 Clay Perry/ S. 33 Mark Karrass/ S. 34 Elizabeth Whiting & Associates/ Di Lewis/ S. 35...
Boisvieux/ S. 37 Michael Boys/ S. 38 ZenShui/ Michele Constantini/ S. 39 All Canada Photos/ Darwin Wiggett/ S. 40 Corbis/ S. 41 G...
Harding World Imagery/ Patrick Dieudonne/ S. 44 Photolibrary/ Monsoon/ Eric Kamp/ S. 45 Herbert Kehrer/ S. 46 amanaimages/ M...
Luca Tettoni/ S. 49 Craig Tuttle/ S. 50 Josef Mallaun/ S. 51 Inspirestock/ S. 52 Beateworks/ Tim Street-Porter/ S. 53 All Canada Photos/...
S. 55 Michael Boys/ S. 56 Corbis/ S. 57 Horst Woebbeking/ S. 58 Image Source/ S. 59 John Henley/ S. 60 PhotoCuisine/ Boivin/ S. 61 ...
Sihlberg/ S. 63 Grand Tour/ Olimpio Fantuz/ S. 64 All Canada Photos/ Michael Wheatley/ S. 65 Jean-Pierre Lescourret/ S. 66 Roland G... S. 67 Michelle Garrett/ S. 68 Clay
Perry/ S. 69 Angelo Hornak/ S. 70 Keren Su/ S. 71 Michelle Garrett/ S. 72 Arcaid/ Clive Nichols/ S. 73 Michelle Garrett/ S. 74 Michael Boys/ S. 75 Michael Boys/ S. 76 Radius
Images/ S. 77 Michelle Garrett/ S. 78 Atlantide Phototravel/ S. 79 Kevin Schafer/ S. 80 Design Pics/ Don Hammond/ S. 81 Craig Tuttle/ S. 82 Joel W. Rogers/ S. 83 Michael
Boys/ S. 84 Grand Tour/ Riccardo Spila/ S. 85 First Light/ Darwin Wiggett/ S. 86 All Canada Photos/ Wayne Lynch/ S. 87 Alen MacWeeney/ S. 88 Grand Tour/ Anna Serrano/
S. 89 Robert Glusic/ S. 90 Najlah Feanny/ S. 91 ZenShui/ Laurence Mouton/ S. 92 First Light/ Perry Mastrovito/ S. 93 Rupert Horrox/ S. 94 Godong/ Fred de Noyelle/ S. 95
Corbis/ Ocean/ S. 96 Godong/ Philippe Lissac/ S. 97 Michelle Garrett/ S. 98 Michael Busselle/ S. 99 Michael Busselle/ S. 100 Creasource/ S. 101 Bloomimage/ S. 102 Michael
Boys/ S. 103 Arcaid/ Olwen Croft/ S. 104 Arthur Thévenart/ S. 105 Beateworks/ Fernando Bengoechea/ S. 106 Westend61/ Fotofeeling/ S. 107 Toru Kurobe/ S. 108 Mark Bolton/
S. 109 Michael Boys/ S. 110 TongRo/ S. 111 Frank Krahmer/ S. 112 Image Source/ S. 113 DLILLC/ S. 114 Brian Leng/ S. 115 Aflo Relax/ Dennis Frates/ S. 116 Corbis/ Ocean/
S. 117 Radius Images/Frank Krahmer/ S. 118 Terry W. Eggers/ S. 119 Nathan Griffith/ S. 121 Grand Tour/ S. 122 Reinhard Eisele/ S. 123 Corbis/ S. 124 Hans Reinhard/ S. 125
All Canada Photos/ Don Johnston/ S. 126 Juice Images/ S. 127 Image Source/ S. 128 ZenShui/ Laurence Mouton/ S. 129 Morton Beebe/ S. 130 Cindy Kassab/ S. 131 amanaima-
ges/ K S MORTON/ S. 132 Destinations/ S. 133 Rainer Ohligschlaeger/ S. 134 Michelle Garrett/ S. 135 Loop Images/ David Cheshire/ S. 136 Clay Perry/ S. 137 Image Source/
S. 138 Tetra Images/ S. 139 Roy Morsch/ S. 140 Michelle Garrett/ S. 141 Mark Bolton/ S. 142 Andrew Parkinson/ S. 143 First Light/ Dave Reede/ S. 144 Elizabeth Etienne/
S. 145 Radius Images/ S. 146 Lise Metzger/ S. 147 Richard Cummins/ S. 148 Volkmar Brockhaus/ S. 149 Dietrich Rose/ S. 150 Beateworks/ Don Freeman/ S. 151 Darrell Gulin/
S. 152 Macduff Everton/ S. 153 Peter Frank/ S. 154 Jeffrey Green/ S. 155 Michael Boys/ S. 156 Jonathan Andrew/ S. 157 amanaimages/ Mitsushi Okada/ S. 158 Photo Images/
Lee Snider/ S. 159 Grand Tour/ Susy Mezzanotte/ S. 160 Image Source/ S. 161 Sergio Pitamitz/ S. 162 moodboard/ S. 163 ZenShui/ Michele Constantini/ S. 164 Image Source/
S. 165 Bloomimage/ S. 166 Darrell Gulin/ S. 167 Beateworks/ Douglas Hill/ S. 168 Paul A. Souders/ S. 169 Grand Tour/ Sebastiano Scattolin/ S. 170 Clay Perry/ S. 171 Mark
Bolton/ S. 172 Nordicphotos/ Inger Bladh/ S. 173 Atlantide Phototravel/ S. 174 Michelle Garrett/ S. 175 Sara Wight/ S. 176 amanaimages/ Shigeki Matsuoka/ S. 177 Image
Source/ S. 178 Tim Kiusalaas/ S. 179 Destinations/ S. 180 Godong/ Pascal Deloche/ S. 181 Clive Nichols/ S. 182 Heide Benser/ S. 183 Craig Tuttle/ S. 184 Beateworks/ Richard
Leo Johnson/ S. 185 Bloomimage/ S. 186 Robert Levin/ S. 187 Westend61/ Erich Kuchling/ S. 188 Image Source/ S. 189 Beateworks/ Tim Street-Porter/ S. 190 Radius Images/
S. 191 Svenja-Foto/ S. 192 All Canada Photos/ Michael Wheatley/ S. 193 Michael Boys/ S. 194 Beateworks/ Tim Street-Porter/ S. 195 Jim Vecchi/ S. 196 Robert Harding World
Imagery/ Ellen Rooney/ S. 197 Bryan F. Peterson/ S. 198 Michelle Garrett/ S. 199 Myopia/ S. 200 Frank Lukasseck/ S. 201 Blaine Harrington III/ S. 202 John Churchman/ S. 203
Bob Thomas/ S. 204 Elizabeth Whiting & Associates/ Di Lewis/ S. 205 Grand Tour/ Colin Dutton/ S. 206 Michelle Garrett/ S. 207 Craig Aurness/ S. 208 Kevin Schafer/ S. 209
Clay Perry/ S. 210 Grand Tour/ Nicola Angeli/ S. 211 Corbis/ S. 212 Frank Lukasseck/ S. 213 Michelle Garrett/ S. 214 Richard Cummins/ S. 215 Atlantide Phototravel/ S. 216
Radius Images/ S. 217 Michael Boys/ S. 218 Scott Barrow/ S. 219 All Canada Photos/ Ethan Meleg/ S. 220 Tiziana and Gianni Baldizzone/ S. 221 Sergio Pitamitz/ S. 222 Photo-
library/ Monsoon/ Omni Photo Communications Inc./ S. 223 Ada Summer/ S. 224 Robert Harding World Imagery/ David Lomax/ S. 225 SoFood/ Bury/ S. 226 Radius Images/
S. 227 Grand Tour/ S. 228 Bloomimage/ S. 229 Ann Johansson/ S. 230 Staffan Widstrand/ S. 231 Mark Bolton/ S. 232 In Pictures/ Barry Lewis/ S. 233 All Canada Photos/ Chris
Harris/ S. 234 Michelle Garrett/ S. 235 Michelle Garrett/ S. 236 Loop Images/ Chris Herring/ S. 237 Design Pics/ Corey Hochachka/ S. 238 Fadil/ S. 239 Guenter Rossenbach

Es ist nicht gestattet, Abbildungen dieses Buches zu scannen, in PCs oder auf CDs zu speichern oder in PCs/Computern zu verändern
oder einzeln oder zusammen mit anderen Bildvorlagen zu manipulieren, es sei denn mit schriftlicher Genehmigung des Verlages.

© 2011 Pattloch Verlag GmbH & Co. KG, München

Gesamtgestaltung: Atelier Sibylle Schug, München · Text- und Bildauswahl: Bettina Gratzki, Pattloch Verlag
Lektorat: Bettina Gratzki, Pattloch Verlag · Bildredaktion: Markus Röleke

ISBN 978-3-629-10652-0

www.pattloch.de

02 04 05 03 01